CELINE HALLAK

Pincelando palavras

EDITORA
Labrador

Copyright © 2022 de Celine Hallak
Todos os direitos desta edição reservados à Editora Labrador.

Coordenação editorial
Pamela Oliveira

Preparação de texto
Daniela Georgeto

Assistência editorial
Leticia Oliveira

Revisão
Lívia Lisbôa

Projeto gráfico, diagramação e capa
Amanda Chagas
Joelle Alfassi

Letterings de capa e miolo
Joelle Alfassi

Dados Internacionais de Catalogação na Publicação (CIP)
Angélica Ilacqua CRB-8/7057

Hallak, Celine
  Pincelando palavras / Celine Hallak. -- São Paulo : Labrador, 2022.
  176 p.

ISBN 978-65-5625-267-4

1. Poesia brasileira I. Título

22-4581   CDD B869.1

Índice para catálogo sistemático:
1. Poesia brasileira

Editora Labrador
Diretor editorial: Daniel Pinsky
Rua Dr. José Elias, 520 – Alto da Lapa
05083-030 – São Paulo – SP
+55 (11) 3641-7446
contato@editoralabrador.com.br
www.editoralabrador.com.br
facebook.com/editoralabrador
instagram.com/editoralabrador

A reprodução de qualquer parte desta obra é ilegal e configura uma apropriação indevida dos direitos intelectuais e patrimoniais da autora. A editora não é responsável pelo conteúdo deste livro. Esta é uma obra de poesia. Apenas a autora pode ser responsabilizada pelos juízos emitidos.

*Dedico estas palavras a minha família,
meu bem mais precioso, cujo amor me rodeia,
me preenche, me inunda e me inspira.
Cada membro dela um mundo inteiro, rico,
complexo e intenso em sua bela imensidão.
Tal fato me mantém constantemente
aconchegada e maravilhada.*

SUMÁRIO

Cor a poesia   8

Questão a poesia   46

Emoção a poesia   70

Vida a poesia   100

Alívio a poesia   134

Agradeço   165

Índice   167

A vida é feita de rimas
Fugazes, felizes momentos
Suaves, delicados como um sopro no ar

A POESIA

Conforto a poesia
Cálida carícia
Sopro de calor
Abraço de amor

Música a poesia
Ritmo, harmonia
Notas que dançam
Em sintonia valsam

Paz a poesia
Fluida sinfonia
Sonho em letras
Âmago em rimas

Questão a poesia
Clara rebeldia
Manifesto, posição
Ação ou reação

Lágrima a poesia
Grito, dor ou alegria
Sentimento em demasia
Vida, alma a poesia

O SORRISO E SEU PODER

Dizem
Sorria para a vida
Esta te sorrirá
Eu digo
Sorria para os outros
Para si mesmo
E sentirá
A mais bela paz
A mais pura alegria
A cor do sol
O calor do amor
A mais linda poesia
Puro deleite
Para os olhos
Para a alma
Verá então
Um fio de ouro a brilhar
Unindo a todos
Na mais doce nuvem de harmonia

À PROCURA DA BELEZA

Procura-se a beleza
Aparente ou oculta
Sutil escrita
Obrigatória leitura
Nas entrelinhas aconchegada

Procura-se a beleza
No gesto, na palavra
No carinho, na gentileza
No homem, na natureza
Na mútua assistência

Procura-se a beleza
Na arte, na cultura
Na alma, na música
Na luz, na alegria
Na lágrima ou gargalhada

Encontra-se a beleza
Ao entender a essência
Ao transformar ao longo da vida
Informação em sabedoria
Discórdia em harmonia

PALAVRAS

Gosto mesmo é de palavras
Paletas de nuances coloridas
Criativas pinceladas
Cubistas ou fauvistas
Impressionistas
Surrealistas
Minimalistas
Claramente expressivas

Puro diamante, pérolas sussurradas
Joias também as palavras
Primorosamente escolhidas
Finamente esculpidas
Cultivadas
Lapidadas
Lustradas
Finalmente expostas

Delicadas flores a dedo regadas
Como perfumada rosa ofertadas
Esmero é não machucá-las
Pétalas feridas
Desenham pálidas palavras
Com mágoa traçadas
Fosco brilho, bugigangas
A afiados cacos reduzidas

O CANTO

A quem puder ouvir
A natureza está a sussurrar
O melodioso canto de seus pássaros a prometer
Que o sol logo estará a brilhar
E oferecer, a quem souber esperar
A luz
Sonho de constante renovação

O DESAFIO

Eis o eterno desafio
Perceber, apreciar
O simples
O tranquilo
O feliz
Abrir os olhos
Sentir os pequeninos milagres de cada instante
Extrair do fundo da alma
A alegria
A confiança
O luar da esperança

OTIMISTA POR NATUREZA

Pois é, muito louco este traço
Sempre desperto o sorriso
Elevado o ânimo
Sereno o espírito

Apesar do dia nublado
Do cinza rodeando
Da parca saúde, pouco dinheiro
Do por vezes triste mundo

O otimista o é por natureza
Ao trabalhar sua natureza
Ao enxergar o ser, sua natureza
Ao apreciar a presente, bela natureza

Em dia de sol ou de chuva
Ao procurar a estrela
Ao manter a esperança
Ao alcançar a confiança

Pois é, admirável é ser otimista por natureza

POTENTE BANQUETE O PALADAR

Do imaginar
Aspirar
Salivar
Ao experimentar
Degustar
Saborear

Êxtase visualizar
Apreciar
Se deliciar
Se alegrar
Ao perfumado aroma se curvar
Ao sonhado manjar se entregar

Potente banquete o paladar

SABORES

Harmonia também é paladar
Com quitutes se deliciar
Sua doçura apreciar
Tão tentador o desfrutar

Ingredientes, tempero
Com amor incorporado
Bem-estar, conforto
Pura mistura do alimento
À delicadeza do sentimento

Degustação
Saciação
Confraternização
Saborosa sensação

SUA BORRA CONTA HISTÓRIAS

Não ouso dizer
Pequeno prazer
Tão saboroso seu sorver
Tão aromático seu poder
Coado ou espresso
De pé, forte e curto
Longo como prosa quando sentado
Latte, macchiato
Cappuccino na Itália
Ou turco, vinho da Arábia
Do bule servido
Sua xícara, livro aberto
Extraindo desabafo
Ou mapeando história
Café é confraria
Iguaria
Deliciosa simbologia

GOTAS DE MAGIA

Se pudesse em vidro armazenar
Carinho, bondade ou doce olhar
O brilho de um luar
O sol ao despertar
À singela flor me atentar
Se pudesse sorver um gargalhar
Ou mesmo um sorriso aspirar

Quão feliz eu seria
Colorida gota absorveria
Condensado de beleza ou alegria
Tomaria de harmonia a euforia
Num só vidro preservaria
Uma a uma degustaria
Milhares de gotas de magia

A VALSA DA VIDA

Por vezes os dias são de extremas emoções
Daquelas que em palavras não cabem
Intensa valsa de sentimentos

Dor, sofrimento
Questionamento
Revolta, mágoa
Dura e obrigatória aceitação

Por milagre, nada impede o sonho
Nova esperança a despontar
Às vezes tênue euforia
Nova alegria a conquistar

Essencial o impulso de valsar
Se mesclando ao supremo esforço
À batalha de sempre continuar

Nem tão frágil o ser humano
A valsar ao ritmo da tão constante
Montanha-russa da vida

O MAR DE ROSAS

A vida é um mar de rosas
Deslumbrante tapete de cores a admirar
Porém tenham cuidado ao nele mergulhar
Pois inúmeros espinhos estarão a espetar

As águas profundas a sufocar
O desavisado, imprudente que abusar
O enjoativo perfume a enganar
Quem pelo excesso errar

O sonho é colhê-las uma a uma
Inúmeras rosas a conquistar
Absorver o delicioso aroma
Que só elas sabem exalar

Preencher, passo a passo
Imensos vasos
A enfeitar nossa casa
Nosso mundo
Nossa real existência

VIDA VERDE

Discretas as cabanas
Folhas, galhos, palhas
Delicadas as estruturas
Frágeis as moradas

Verde a casa
Essência, vida
Meditação profunda
Para o olho, para a alma

Apreciar o fruto
Respirar o orvalho
Sentir a chuva
Dialogar com a natureza

Diminuto o homem
Em meio a essa grandeza
Privilegiado, porém
Por honrar esta beleza

PINCELANDO PALAVRAS

Pincelar palavras
Desenhar cores
Pigmentar o universo
Inundá-lo de vida
De alegria
De harmonia
Eis meu constante esforço
Minha guerra
Minha particular onda de sabedoria

Por vezes, porém
As cores são cinzentas
Escuras nuvens a pairar
Cobrir ou envolver
Entristecer
Então digo a vocês
Afastá-las se torna meu esforço
Minha guerra
Minha particular onda de sabedoria

Pincelar palavras
Desenhar cores
Pigmentar o universo
Inundá-lo de vida
De alegria
De harmonia
Eis meu constante esforço
Minha guerra
Minha particular onda de sabedoria

PONTES

O homem a criar elos
Trilhando caminhos
Construindo acessos
Conectando mundos

Difícil a empreitada
Arriscada a travessia
Necessária a ousadia
Gratificante a confraria

De um lado para outro
Explorar a bela natureza
Também apreciar o outro
Respeitar sua natureza

Eis o homem, seu objetivo
O equilíbrio, seu treino
O convívio, seu sucesso
As pontes, seu constante desafio

CONFIAR

Entrever além da aparência
Decifrar a alma escondida
A essência oculta
A inata decência

Perceber a inocência
Crer na pureza
Na ética
Na humana beleza

Descobrir a lisura
Apreciar a transparência
A honra
A verdadeira elegância

Questionável a insistência?
Imprudente a conduta?
Discutível a perspicácia?
Será ingênua candura escolher a confiança?

FÉ

Com o coração às vezes pesado e apertado
caminho pela vida
Olho para o céu e questiono
A resposta não vem fácil
Mas, verdade seja dita
o poder da minha oração faz milagres

Meu coração, já mais leve
continua o seu caminho
Meu sorriso, mesmo trêmulo, reaparece
Com ele a esperança, que a minha fé injeta

A fé é minha absoluta e cega vontade de acreditar em milagres

CASULOS

Compactos blocos de cimento
Mil apartamentos em denso edifício
Seu cinza opaco, visual poluído
Pequenas janelas, quase sem respiro
Eis o aparente quadro

Espantosa vida pulsa
Abrigada nesta morada
Aspirações, sonhos ou esperança
Escondidos atrás da fachada
Como casulo criando vida

Alma encoberta, coração oculto
O homem através do fosco vidro
Quadro por trás do quadro
Como seda escondendo
A borboleta se formando

POESIA URBANA

Eis o caso
De um anônimo empresário
A caminhar apressado
Um parceiro ao seu lado
A conversar compenetrado
Na rua, muito frio
Na esquina, o mendigo
Um cobertor rasgado
Envolvendo o corpo tão delgado
Eis que o empresário
Sem diminuir o passo
Nem o importante papo
Retira seu casaco
Estende-o ao mendigo
E continua seu caminho
Eis o caso
Do ilustre empresário

Eis na alma
A urbana poesia da vida

SÃO PAULO

O despertar de um novo dia
Por vezes muita chuva
Por outras o sol a raiar
A cidade a acordar
A criança
Perua escolar a aguardar
Urgência paulista

Adultos pelas ruas a circular
Às suas tarefas retornar
Imenso quebra-cabeça
Cada um a se encaixar
O seu posto retomar
Tapete humano a se movimentar
Ritmo paulista

Média com leite a saborear
Pão na chapa
Se deliciar
Desjejum paulista
Engolido com pressa
Pois na alma pulsa
A vida paulista

Velocidade, energia
Correria
Recomeçar ou continuar
Se esforçar
Acrescentar, agregar
Procurar sempre melhorar
Mentalidade paulista

Acolher paulista

MOEDAS

A moeda
Múltiplos vocábulos
Infinitos sinônimos
Do básico pão
Ao valioso quinhão
Do precioso patrimônio
Ao necessário agasalho

A moeda
Serve de troca
Compra ou venda
Realiza sonho
Ou material desejo
Cria egos
Ou constrói mundos

A moeda
Ouro, prata, vil metal
Digital
Simples papel
Seu papel
Da essencial essência
À ofuscante opulência

A moeda
O teste
O homem

NÓS, HUMANOS

O ser humano, seus conflitos
Da dor impotente
À coragem constante
Rebelião
Definição
À flor da pele, a reação

Enraizados sentimentos
Frágeis emoções
Pelo olhar expressados
Traduzem com discrição
O turbilhão de sensações
O borbulhar de aflição

Emoção ao agir
Intelecto a coibir
Verniz, educação
Regras a seguir
Gentileza, compaixão
Revolta ou aceitação

Um a um na corda bamba
O eixo a procurar
O objetivo, distante meta
O esforço, mero teste
A paz, um ponto de luz
O equilíbrio a tentar encontrar

O REAL, EM EXCESSO

Me persegue seu olhar atormentado
Homem letrado
Profundamente bem informado
Descrever a mente, seu cargo
A miséria humana, seu assunto
O exato, seu legado
O sombrio futuro, seu fardo
Enaltece o lógico
O poder analítico
A realidade do fato
A verdade do visto

Como não ser atormentado
Quando a fé se torna mito
A alma, puro raciocínio
O concreto somente concreto
O pé tão no chão fincado

SOBRE MILAGRES

Eu acredito, eu sei, eu sinto
Eu já prevejo
O milagre em andamento
A esperança é ferrenho pensamento
De fria realidade eu fujo
Viajo
Em terras de sonho aterrisso
Sonho que parece concreto
Deliro, crio, edifico
Acredito
A esperança é ferrenho instrumento
O milagre um dia se torna concreto

MÚLTIPLO INSTANTE

Acelera, acelera
Engole o instante
Não só acelera, mas também se atenta
Ao celular, ao volante no mesmo instante
Textando, falando, dirigindo
Correndo a vida, se dividindo
Treinou a mente
Aproveitou o instante
Não perde tempo
Não perde o foco
Perde mesmo é o momento
Perde mesmo o prazer do lento
Do cada coisa a seu tempo
Passou a vida, cansou a mente
E a angústia se mantém latente

AJUSTES

Eu diria
Que hoje em dia
Me ajustar ao mundo significaria

Minha bateria carregar
Meu acesso pessoal ativar
Minha história habilitar

Curiosos vocábulos aprenderia
Novos dados obteria
Minha privacidade compartilharia

Ao solicitar conexões
Ao aceitar notificações
Ao sincronizar informações

Ao personalizar os controles
Ao me render aos ícones
Ao conviver com as redes

Minha tela desbloquearia
Minha imagem de fundo visualizaria
Minha vida automaticamente atualizaria

SENTIMENTOS

Sinto muito dizer
Que o que eu sinto ao absorver
O perfume da flor e seu prazer
Nem de longe parece ser
O que sinto ao ver
O desalento do ser
Seu dia a dia a correr
E o perfume da flor a se perder
Dádiva é saber crer
Não esquecer de absorver
Apesar de muito correr
A delícia que é viver
O perfume da flor e seu prazer

A TERAPIA DO RISO

Sonora gargalhada
Barulhenta risada
Transmissível alegria
Descobri o riso, verdadeira terapia

Serotonina
Endorfina
Corpo a corpo na batalha
Vencendo da melancolia à distimia

Minha avó que estas palavras não sabia
Simplesmente dizia
Quanto mais contagiosa a risada
Mais rápida e certeira a cura

ALEGRE MELODIA

E por falar em melodia
Como descrever a alegria
Seu canto
Puro encanto
Sua música
Cristalina cascata
Sonora risada
Euforia
Sinfonia
Ou delicada nota
Carícia
Doce sintonia

Tanto reconforto
Contentamento
Bem-estar
Simples prazer de estar
E apreciar

RISADAS

O sorriso
Que leva ao riso
Aos borbotões, a alegria
Que preenche, alivia
De repente, a sonora gargalhada
Que ecoa, inunda, irradia
Contagiosa manifestação
Efusiva explosão
Instante de vida
Bela música
Cantoria
Euforia

Transborda
Transforma
Transporta

O DESPERTAR

O despertador toca
O menino não escuta
A mãe desperta

O despertador avisa
O menino ignora
A mãe conversa

O despertador buzina
O menino desdenha
A mãe ameaça

O menino, por fim, levanta
A mãe, por fim, domina
A batalha amanhã continua

O despertador a despertar
A mãe a mandar
A escola a intimar

O menino a pensar
Como é difícil acatar
E todo dia estudar

A mãe a pensar
Como é difícil educar
Sem todo dia intimidar

UM MAIS UM

Gesto que gera gesto
Discreto, mútuo aceno
Que gera o sorriso
Que abre o caminho
Que cria a ponte
Que gira e gera
Que gera o mundo

Um aceno, um sorriso
Sutil o gesto que gira
Que clareia o caminho
Que constrói a ponte
Que gera união
Que gira e gera
Que gera gerações

Gerações de sorrisos
Que giram e geram
Roda-gigante, roda viva
Estonteante ciranda
Que engloba a terra
Mar de sabedoria
Que inunda o planeta

GENEROSIDADES

A flor, a generosidade de perfumar
O pássaro, a melodia de compartilhar
O sol, a luz, o luar
O mar, o amar
A vida a pulsar
O homem, a alegria de dar

questão

a poesia

*A presente evolução finalmente se depara
com a definitiva barreira, morada sem resposta
para o mais incompreensível porquê*

NÓS

Apesar de tantos antes terem dito tudo
De forma infinitamente mais sábia
Me persegue a necessidade absoluta de me expressar
Tentar, maravilhada, entender
O como, por que nós juntos aqui agora
Vizinhos
Irmãos a enfrentar desafios
Constante esforço de se erguer ou reerguer
Acompanhar a maré
Também prestigiar
Unidos comemorar
Aos nossos filhos transmitir
Colmeia de pessoas
Incrível rede de companheiros
Nem tão à toa reunidos
Em tempo e espaço
Nesta trajetória chamada vida

EM QUARENTENA

Renovado vocábulo
De outro século
Recolhimento
Isolamento
Confinamento
Precioso meu tempo
Para tanto excesso

Frenético meu mundo
Econômico
Político
Convencido
Hoje perdido
Perante a noção
Da própria limitação

Meu planeta sem ação
De teto subitamente no chão
Frágil seu ser
Fraco seu saber
Dividido seu poder
Na dúvida, quarentena opção
Amargo remédio, sofrida decisão

PÂNICO

Global o perigo
Universal o pânico
O mundo em alvoroço
Unido em bom senso
De repente cooperativo
Em conjunto precavido
O cuidado redobrado
A oração elevada
Maratona de pesquisa
Laboratórios em fervura
Microscópico o inimigo
Gigante o desafio
O cérebro ao quadrado
Combate em uníssono
Avanço suado
Amanhã êxito coroado?
Sucesso alcançado?
Ameaça afastada?
Negra nuvem dissipada?
Efervescência restabelecida?

A PANDEMIA, EM NÚMEROS

Não quero saber de dados
Contas ou cálculos
Cada ser é um mundo
Cada número uma vida

Me dói a contagem
Sua fria realidade
O leito preparado
Até mesmo o derradeiro

Prefiro almejar curas
Êxito em pesquisas
Vacinas
Estatísticas revertidas

Escolhi sonhar com milagres
Vibrantes, intensas trilogias
Sintonia de fé, ciência
E persistência

UNIÃO VIRTUAL

Multidão confinada
Moderna quarentena
Original parada
Todos na ativa
Canto na janela
Piada compartilhada
Vizinhança prestativa
Comunicação intensiva
Informação instantânea
Ensino à distância
Videoconferência
Escritório em casa
Internet a toda prova
E-book de graça
Curso, palestra
Museu na tela
Música na faixa
Todos na torcida
Por uma mente positiva

Cooperação
Aproximação
Identificação
Conexão
On-line a união

PRÓXIMO CAPÍTULO

No meu diário consta a máscara
O homem confinado
Sai da toca mascarado
Saboreia o cotidiano
O pão de cada dia garantido
Ou pelo menos almejado
Na esquina, o amigo
Por trás da máscara o sorriso?
A rotina se tornou respiro
O momento assim precioso
Devidamente apreciado

Do meu diário cai a máscara
A cura é uma promessa
Lives ainda na ordem do dia
Intercâmbio de sabedoria
Cooperação à distância
Solidariedade, empatia
Generosidade, harmonia
A ameaça afastada?
Pelo menos abafada
Desabrocha em flor a esperança
No meu sonho consta a euforia

DIVAGANDO

Vagarosamente, morosamente, os dias vão passando.
O tempo se alastra. A rotina se instala.
A espera se arrasta. Quarentena. Setentena. Centena.
O mundo em seus números desliza.
O cansaço se torna real. A rede socializa demais.
A monotonia toma conta. A ansiedade ameaça.
O grupo de risco contra a parede.
Contas contra a parede. Todos contra a parede.
Parede sem janela. Máscara sem respiro.
Máscara que abafa sorriso. E agora?
Agora pensar em Anne Frank e oprimidos.
Em buracos escondidos.
Aconchego é ter um livro para ler, um filme para ver.
Saúde, higiene, comida na mesa. Com criatividade se
reinventar. Em isolamento produzir. Em inglês atuar.
Delivery a pleno vapor. Homemade, homework,
home office. Drive-thru, drive-in, drive home.
#stayhome. Por enquanto. Enquanto der.
#ficaaaremcasa.

O ALUNO

A pandemia serviu para descascar, dissecar e apurar meus sentimentos. Analisar e maturar minhas atitudes, ações e reações. Refletir meu passado e repensar meu futuro. Assumir nobres resoluções e belas decisões. Fazer necessárias e corretas adequações.
Agora que aprendi a lição, por favor, quero respiro.
Quero convívio.
Quero encontro presencial.
Quero ao vivo dialogar.
Quero liberdade de movimento.
Quero olho no olho confraternizar.
Quero beijar e abraçar e festejar.
Quero cura.
Quero vacina.
Quero escolha.
Quero minha vida de volta.

PÓS-PANDEMIA

Muito se escreverá
A história contará
Parábola bordada
Sobre mão afetada
A pessoa isolada
Também solidária

Nos livros constará
A epidemia
A histeria
A parceria
Globalizada pandemia
Que nova era inicia

E tudo mudará
A experiência ensinará
Expediente em casa
Comunicação à distância
Saúde monitorada
Privacidade repensada

Depois da onda afastada
A mente alinhada
Sua visão mais clara
Narrará a trajetória
Da histórica mudança
Pela negra ameaça provocada

PORQUÊS

A nossa existência é plena de porquês
Charadas a decifrar
Mistérios a desvendar
O mundo a compreender
O milagre da medicina
Seu passo a passo decodificar
Maravilhosas invenções
O mundo em eterna pesquisa
Da tranquila curiosidade
Pela ciência explicada
Ao tão imenso nós aqui agora

Grande questão os porquês
A revolta contida num lancinante porquê
Na vontade de entender para quem sabe aceitar
No conforto da fé para não tanto questionar
Sofrimento, doenças, tantas perdas
Incidentes, acidentes, tragédias
Profundo tormento
Intensa dor do momento
O homem a tentar interpretar
Se conformar
E então seguir

SOBRE OLHARES E MÁSCARAS

Hoje a dúvida.
Terá um sorriso por trás da máscara?
Com expressão guardada, trejeitos escondidos, risada
ou careta contida, torcida de nariz apenas suposta,
como ouvir ou sentir, entender e assumir?
Hoje o desafio.
Apesar da máscara, perceber, transmitir e interagir.
Se aproximar, se relacionar, se unir.
Hoje a descoberta.
Comunicação a toque de cotovelo é carinho a toda prova.
O treino é à distância abraçar e com os olhos amar.
Hoje o olho fala o que a máscara cala.
Hoje o reino é do olhar.

CARGA EMOCIONAL

Carga de grande força
Dimensão elevada
Tonelada

Invisível
Imensurável
Inexprimível

Desequilibra
Descontrola
Esgota

Carga que pulsa
Emoção que sufoca
Grito que ecoa

ELE E ELA

O homem ao meu lado distribui palpites
como se fossem balas a serem degustadas
Com extraordinária competência vive minha vida
Questiona, comenta, opina e conclui

Com a mais absoluta segurança
se define como a voz da perspicácia e sabedoria
Domina tudo, conhece tudo
Entende de tudo

Me calo
Me calo outra vez
Meu coração se enche de revolta
De mágoa acumulada

Permita-me viver meus sonhos
Abrir os olhos, me atentar
Grandiosas metas e desejos
Estão bem ali na esquina a me aguardar

A FRAQUEZA HUMANA

Manias, megalomanias
Mostrar, provar
Exibir
E assim seguir

Manto de ouro
A casa, a roupa
A joia
E assim brilhar

Vazio preenchido?
Anseio domado?
Ilusão definida?
Admiração conquistada?

E assim representar

QUESTÕES E CONFUSÕES

A norma diz que é assim
Eu tenho que dizer sim
A regra diz tudo
A verdade já tem dono
Suprema verdade, supremo dono

Concordo sem concordar
Aceito sem aceitar
Entendo sem entender

Definem o certo e o errado
O certo é acatar
O errado é conturbar
Confusão certa é questionar
Discutir ou discordar

Em rebelde silêncio pergunto bem assim
Como pode ser tão errado para ti
O que parece tão certo para mim?

Como então crescer
Sem duvidar, sem debater?

O CONVÍVIO

Afinal, tudo se resume
A nós, humanos
Crises, conflitos
Confrontos
Com sorte, inter-relações
Edificações
Eu e você
Do sentimento
Do racional ao nem tanto
Do nobre ao nem tanto
Interesses, jogadas
Grandes cartadas
Rejeitar ou incluir
Usar para construir
Ou também destruir
Emaranhado de intrigas
Brilhantes ideias
Geniais descobertas
Nem sempre bem canalizadas
Eis todos nós
Nosso convívio
Nosso castelo de areia
Nossas mútuas fraquezas

DROGAS

A droga maldita
Corrói e destrói
O corpo e a alma
Ilusão de cor
Calor ou amor
Prova maior
Da fragilidade de um ser
E da ganância do outro

VER

Com certeza, a nosso ver
Maior cego é aquele que não quer ver
Porém, pensem em quem, de verdade,
nada consegue ver
Ele que sente ao invés de ver
Como seria ao seu ver
Tamanho desperdício deixar de ver
Não abrir os olhos para poder ver
O que ele sente ao invés de ver

SEQUÊNCIA

Alvor
Pudor
Rubor
Calor
Ardor
Amor
Furor
Dor
Rancor
Amargor
Desamor

A FÓRMULA

Atravessar a barreira
Encontrar a abertura
Pressentir no sorriso a promessa
Vislumbrar no aceno o abraço
Ouvir na palavra o carinho
Prever no gesto o futuro
Filtrar a essência
Atingir a transparência
Acolher a harmonia

A MÚSICA DO SILÊNCIO

A música do silêncio sussurra suaves segredos
Relaxa o corpo, acalma a mente
Solta delicadas, fluidas notas
Salpica sua carícia no ar

A música do silêncio toca recantos no coração
Elimina a raiva, dilui a mágoa
Sopra leveza e harmonia
Salpica sua paz no ar

A música do silêncio atinge então a alma
Derruba a barreira, derrete o gelo
Inunda de luz o âmago
Salpica seu brilho no ar

A música do silêncio desabrocha em flor
Exala perfume, exibe beleza
Espalha sorriso e alegria
Salpica sua doçura no ar

DESEJOS

Esperança é meu nome
Paz meu sobrenome
Alegria meu codinome
Harmonia meu prenome

Saúde e honra para bem viver
Respeito, conforto, que prazer
O que mais querer?
Sucesso é conviver

Será a luz pura essência
A espalhar sua clareza
Embelezar a natureza
Iluminar a existência

Será o sorriso pleno
O pedido ouvido
O desejo atendido
O sonho realizado

emoção
a poesia

Vivo a tentar traduzir sentimentos em palavras
Confesso que mais árdua tarefa jamais encontrei
O que fazer quando emoções não cabem em palavras?

QUESTÕES

Não faça perguntas
Nem tente procurar respostas
Quando tragédias anunciadas
Se apresentam à sua frente
Quando sofrimento, dor ou doenças
Quando o frágil ser
A constatar esgotado
A batalha quase perdida
Quando, a pessoas boas,
Somente acontecem coisas más
Ela, doce senhora
Elegante, tranquila
Vestida de esperança
Simplesmente ensina

Não perca suas forças
Questionando os porquês
Use as suas últimas gotas de garra
A incansavelmente olhar para o alto
A apenas suplicar

SEU NOME É RESILIÊNCIA

Apesar da desesperança
Esperança
Apesar da descrença
Sempre a crença

Surpreende, espanta
Com que força ela enfrenta
Baixos da vida
Diversas agruras

Grandes desafios
Dissabor, mágoas a fio
No entanto, apenas belo legado
Doce confiança ela compartilhou

Somente sabedoria, fé ou amor
Para, no mesmo buquê, enorme maço
Ainda apreciar aroma ou cor
Ainda rimar dor com flor

ONDAS

A vida então montanha-russa. Mirabolante tobogã
de altos e baixos. Maré que vem e vai em ritmado
balanço. Onda que embala e de repente abala, eleva
ou derruba em real trajetória. Complexo labirinto
ou atordoante redemoinho.
Me perco entre a ação, a reação, o sentimento,
a emoção. Entre caminhos que em seu rastro
abandonam a monotonia da ilusória rotina.
Vivo a balançar entre a sublime alegria e a profunda
tristeza. A desatar nós do emaranhado de risos
e lágrimas que arrastam ou arrasam até a seguinte
calmaria. Até o precioso bálsamo da hora mansa.
Sonho a terra firme quando o certo é incerto;
o amanhã, incógnita; a vida, areia movediça.

MINHA AVÓ

Minha avó em modo energia
Calor, pleno vapor na cozinha
Colo em forma de bolo
Chocolate, meu preferido

Minha avó em modo idade
A caminhada mais pesada
No olhar, a melancolia
Presente dos anos, a sabedoria

Minha avó em modo poltrona
Da cama pra sala
Da sala pra mesa
Dali pra poltrona antes de ir pra cama

Minha avó em modo maca
O alimento em forma de sonda
Tubos, soros, muita agulha
Ao som da dor, a despedida

RUGAS

Lição de vida
Simples beleza
Duas senhorinhas
Beirando os noventa
Irmãs, amigas
Unidas companheiras

Agruras
Por vezes dureza
Longa trajetória
Remotas memórias
Vívidas lembranças
Coloridas histórias

Ainda no vivo olhar
O brilho da travessura
Da recente ruga
Por nova risada traçada
Da já apreciada
Próxima gota de alegria

Grande presente, a vida
Tão devidamente desfrutada
Suas dores tão sabiamente descartadas

QUANDO O CABELO SE TORNA BRANCO

O senhor
O cabelo cedo branco
O sorriso
O conselho
Sabedoria no olhar
Bondade ao falar

Apesar de vários pesares
Pensou que a vida lhe sorriu
Seguiu seu caminho
Abriu o de muitos
Ajudou, orientou
Com infinita paciência, explicou

Ensinou
Depois partiu
Ao querido senhor
Nosso respeito
Eterno amor
Gratidão

Saudade

TRISTE DEPENDÊNCIA

Quando em nosso coração explode o carinho
O pesar
A necessidade de acolher, cuidar
Apenas amar
Quem já não é mais quem costumava ser

Quando o olhar se torna vago
O mastigar esquecido
A palavra não sai do lábio
O sorriso por demais bondoso
A pessoa tão confusa

Quando a realidade muda de sentido
O importante já não o é tanto
O mundo apenas particular
O dividir tarefas impossível
O contato tão difícil

Então nos invade a angustiada pergunta
Que distante mundo é esse
Seu nome Alzheimer
Densa nuvem, portão trancado
Tão perdido no espaço

VELHICE

Um casal
Curvo sob o peso dos anos
Mentes lentas em corpos inertes
O amor transformado em âncora
Sentados juntinhos
Olhando o tempo passar

Na casa com o silêncio a reinar
Autoridade absoluta a dominar
Por companhia tendo apenas
O persistente odor
De velho
Passado e ultrapassado

Pedem apenas
Com angústia no olhar
Poder
Na hora da derradeira despedida
Irem assim unidos
Para, por favor, sozinho ninguém ficar

MA SOUFFRANCE, 1976

J'ai la gorge nouée
Et la main aussi
Le crayon sur la table
A très envie d'écrire
De soulager le fardot
mettre sur le papier
Mes sentiments, mes sensations
Mes rêves, mes rires
Et toute ma vie
Mais
Avec la gorge nouée
Et la main aussi
Pas moyen de d'écrire
Ni la fleur
Ni le soleil
Ni la tourmante
Ni la tempête
La poésie qui veut sortir
Et éclater dans l'univers
Reste emprisonnée tout au font de l'âme
D'un pauvre petit crayon solitaire

SOFRIMENTO, 1976

O nó na garganta
A mão paralisada
O lápis na mesa
Sua vontade de contar
Aliviar a carga
Depositar no papel
Sentimentos, sensações
Sonhos, risos
Toda uma vida
Mas
Com a garganta travada
E a mão também
Impossível descrever
Nem flor
Nem sol
Nem tormenta ou tempestade
A poesia que quer escapar
Se espalhar pelo universo
Continua prisioneira no fundo da alma
Do desolado, pequeno lápis solitário

O CAMINHO

Nascer
Ver
Crer
Aprender
Se desenvolver
Viver

Criar
Amar
Educar
Libertar
Se separar
Aceitar

Envelhecer
Enfraquecer
Adoecer
Sofrer
Se desprender
Partir

QUESTÃO DE COR

Minha jornada e a sua
Seguem a mesma estrada
Minha mente e a sua
Sustentam a mesma obra
Minha carência e a sua
Sonham a mesma conquista
Minha busca e a sua
Procuram a mesma resposta
Minha cor e a sua
Encobrem a mesma essência
Minha fisionomia e a sua
Escondem a mesma angústia
Minha dor e a sua
Irradiam a mesma agonia
Minha alma e a sua
Almejam a mesma harmonia

Minha pele e a sua
Vestem a mesma cor da vida

SIMON, 1976

Hoje eu cheguei
Lá deixei
Sangue, mortos, guerra
Também deixei
Minha casa
Minha infância
E muito da minha vida

Hoje eu cheguei
Eu fugi
Eu corri, corri
Mortos aqui, mortos ali
Não importa
Não, nada importa
Corra, Simon, corra
Tem que correr
Tem que viver

Hoje eu cheguei
Eu olhei
Eu vi
Uma grande nação
Muita gente
Também muita paz
Calma, Simon, calma
Não precisa mais
Nem tremer, nem correr
Você chegou

Hoje eu cheguei
Hoje tudo recomeçou
O tempo passou
Graças a D'us,
A minha vida mudou

Líbano.
Lindo país, meu de nascimento.
Infelizmente dilacerado por uma sangrenta guerra civil.
Guerra civil é se esconder dentro de casa.
Fugir para fora de grandes cidades.
Escutar tiros e gritos no meio da noite.
Saber de sequestros e mortes violentas.
Abandonar lares e pertences.
Reconstruir a vida em outro lugar.

Me dói saber que para muitos esse drama continua tão atual e doloroso.

Lição de vida é ver meus pais, judeus imigrantes,
darem a volta por cima.
De novo e de novo.
Fugiram da Síria para o Líbano...
Fugiram do Líbano para o Brasil...
Me dar conta das dificuldades e do sofrimento
que eles enfrentaram.
Olhar para eles, sua capacidade de adaptação
e o conforto com o qual conseguiram nos criar.
Aprender com eles.
A vida consiste em vencer desafios.
Com muito esforço.
Sem perder o sorriso.

No país onde nasci não se falava português,
língua que nunca pensei um dia dominar.
Mas a vida, principalmente para nós, judeus,
reserva muitas surpresas.
E aqui estou eu, relatando as minhas dificuldades
e momentos de angústia.
Foram curtos, mas significaram muito.
Não ter a coragem de assumir a minha própria identidade.
Ouvir calada agressões veladas e comentários antissemitas.
Hoje, mais velha e morando em um país onde reina a paz,
ouso dizer:
"Nunca mais".
Na época e na prática, era mais difícil.
Na minha escola inteira, estudavam apenas duas meninas judias...
Como ter coragem de se identificar ou responder quando se tem dez ou doze anos??

Novembro, 1947
Maio, 1948
Israel.
Nasce uma nova nação.
Pelo mundo, intensa comoção.
Festa, alegria, emoção.
Comemoração.
Enquanto isso, a revolta tomava conta de diversos países árabes.
Minha mãe morava em Alepo, na Síria.
Tinha cinco anos quando assistiu, escondida atrás da janela, a hordas de até então vizinhos ou amigos marcharem gritando slogans antissemitas e deixando, por onde passavam, um assustador rastro de destruição.
Em casa, meu avô num canto rezando.
Livro de salmos na mão, lágrima no olho.
O medo dominava.
Na rua ao lado, chamas devoravam estabelecimentos comerciais e sagrados pergaminhos.
Sua loja saqueada, depois em cinzas.
Minha mãe com sua família conseguiu fugir para o Líbano.
Cresceu precisando de ajuda para sobreviver.
Dificuldade e carência marcaram seu caminho.

Superação é o nome dela.
O nome de todos os nossos pais.

EM PAZ, NA REAL

Falando em Líbano, lhes conto o caso.
Duas senhoras, a saúde em frangalhos. Hemodiálise.
Poltronas vizinhas. Repetidas horas
em meio a enfermeiros de branco e cheiro de antisséptico.
Primeiras palavras, trivial conversa.
Se descobrem compatriotas em meio a exclamações
de prazer e sotaques carregados. Duas emigrantes.
Uma árabe, libanesa da gema. A outra (como situá-la?)
judia, nascida no Líbano. Lá, um dia foi benquista,
bem-vista. Hoje se equilibra entre belas memórias e
recentes feridas. Aos poucos trocam receitas e lembranças.
Temperos da infância. Em outra sessão, prometem
quitutes, típicas rosquinhas feitas com o sabor de frescas
amizades. Se presenteiam com doces de inimitável
delicadeza. Com o puro néctar do azeite que veio de lá.
Bálsamo o efeito de pequenos gestos.
Aos poucos, o ânimo se reergue e o sofrido tratamento
se torna amigável encontro, onde risadas envergonhadas
se misturam a tocantes confidências. O apoio mútuo
alivia a dor física. O tempo passa com as duas aguardando
realizar o sonho de receber um rim compatível.
Unidas na torcida pela cura da outra, pelo transplante,
pela minuciosa cirurgia que é brinde à esperança e à vida
que irá continuar.
Em plena batalha, caminhando no mesmo passo,
duas senhoras, em paciente harmonia.
Vejo nelas a paz, em sua essência.

ANTI

Como ensinar ao nosso filho
Que nos precede o preconceito
Milenar antissemitismo
Variado, maquiado, bem temperado
Livremente traduzido
O mal banalizado
Mal explicado
Hoje caracterizado
Como antissionismo

Moderno vocábulo
Antigo sentimento
Irracional racismo
Incompreensível raciocínio
Apenas decifrado
Pelo agressor mascarado
Seu arbítrio distorcido
Como germe enraizado
Gratuitamente danoso

Como ensinar ao nosso filho
A entender o sentimento
A se defender por instinto
A estar sempre preparado
A perceber o momento
Do próximo passo
Do seguinte deslocamento
Da tão doída despedida
Fazer a mala, refazer a vida

NOSSA HISTÓRIA

Imaginar o inimaginável
Explicar o inexplicável
Perdoar o imperdoável
Esquecer o inesquecível

Dura nossa trajetória
Longa nossa estrada

Inquisição
Perseguição
Pogrom
Holocausto

Aplaudida nossa resiliência
Vitoriosa nossa persistência

A lista é longa
A dor intensa
A carga pesada
A fúria domada

Resistente nossa alma
Constante nossa batalha

Antijudaísmo
Antissemitismo
Antissionismo
Anti pelo anti

Infinita nossa guerra
Eterna nossa questão

Milagrosa nossa existência

MEU PORQUÊ

O antissemitismo é o maior de todos os porquês
que povoam minha mente.
Pandemia que nunca se extingue e reaparece de tempos
em tempos com novos argumentos.
Apesar da crueza das provas de torturas cometidas
em pogroms, inquisição e holocausto nazista.
Apesar dos fatos, fotos, filmes, imensa literatura e relatos
de sobreviventes.
Apesar do verniz da civilidade, do nosso moderno
respeito à diversidade e às minorias.
Apesar da razão, apesar da emoção, o antissemitismo
segue sua (infame) trajetória.
Em xeque, o ser humano.
Em grito de angústia, meu "Por quê?".

MÍSSEIS

Apesar do míssil falado
Apesar do míssil lançado
Não me desculpo por viver
Não me desculpo por me defender
Minha missão é sobreviver
Apesar do antissemitismo nem mais disfarçado
Apesar de qualquer agressão
Ofensiva manifestação ou pública opinião
Minha história é luta milenar
Minha esperança inabalável
Apesar do míssil lançado
Apesar do míssil falado

DESAFIO PERMANENTE

Revira o estômago
Ferve o sangue
Dói a alma
Tendencioso noticiário
Apontando o pejorativo dedo
Alimentando o gratuito ódio
É judeu, judeu, judeu
Manipulador, aproveitador, enganador
Culpado, culpado, culpado
Maquiavélica arte de ofender
Explícito antissemitismo
Ariano racismo
Unindo o cúmulo da ironia
À suprema crueldade
De acusar o judeu
Somente por ser judeu

Ao dito cujo noticiário nosso recado
Nunca mais calados
Nunca mais agredidos
Nunca mais profanados

PINCELANDO EM AZUL E BRANCO

Azul e branco ergue a cabeça
Azul e branco esperança
Azul e branco toda a diferença
Azul e branco nossa crença
Nossa bandeira é segurança

Azul e branco pleno orgulho
Azul e branco porto seguro
Azul e branco maior tesouro
Azul e branco nosso milagre
Sonho que se tornou realidade

Dizimados, destruídos
Nunca mais
Pisados, torturados, vivos queimados
Nunca mais
Agredidos, ofendidos
Quem dera nunca mais

Azul e branco o coração transborda
Azul e branco veste a alma
Azul e branco nossa estrela
Azul e branco eterna promessa
Prece constante, súplica à gratidão reunida

ISRAEL

Sobrevoar Israel é acreditar em milagres
Expectativa de sentir na alma esse tremor
Emoção quase palpável
Sentimento de paz
Alegria profunda ao aterrissar

Aqui o cheiro inconfundível
Vida pulsante
Caleidoscópio de sons, línguas e cores

O azul do céu é esperança
O olhar do jovem é segurança
A fé se torna essência
Na terra onde no deserto brotam
Flores, frutas, verdes árvores

Convicções conflitantes
De praxe as discussões constantes
Cada um sua verdade
E, milagre dos milagres,
Todas são fragmentos de verdades

Fragmentos de um belo tapete
Multidão de cores
Tecidos, um dia, em plena harmonia

vida
a poesia

Do branco ao preto,
cor é sentimento e sensação,
explosão,
pura expressão da mais reveladora exposição

O ADJETIVO

O adjetivo aponta o dedo
Para cima ou para baixo
O adjetivo molda o ego
O põe no chão ou lá no alto

Descreve
Define
Decide
Qualifica
Caracteriza
Carimba

Estímulo também o adjetivo
Até fraterno, se sincero
Arma letal, o adjetivo
Destrutivo, quando pejorativo

REDES

Dilúvio de exposição
Mensagens que falam alto
Imagens que gritam
Estonteante a inundação de informações
Exibindo, colorindo, convencendo
Setas orientando
Por vezes ferindo
O fake se instalando
Redes sem filtro
E o ser sem filtro

A mente porosa
Crédula, fragilizada
Perdida entre absorver e rejeitar
Ainda se considera imune
Mera ilusão
Autoenganação
De fato massa maleável
Alvo vulnerável
Sem opção, senão
Desconfiar, bloquear, peneirar

ACIONANDO O FOCO

Esteja onde você está
Se instale no espaço
Sinta o momento
Acompanhe com o pensamento
Acione seu foco

Ganhei um conselho
Óbvio, singelo
Abriu meu olho
Facilitou meu caminho
Acionou meu foco

Esteja onde estiver
Que seja por dever ou prazer
O segredo é realmente estar
Convidar a mente a participar
A tecla foco acionar

PROGRESSO

Construtivas discussões
Aprofundadas invenções
O mundo sobe a ladeira
Em contínua pesquisa

Da roda ao motor
Ao essencial computador
wi-fi ao redor
Automação interior

Eletrônico
Tecnológico
Robótico
Permanentemente conectado

O mundo evoluindo
Cria máquinas obedecendo
Analisando
Decidindo

Ainda não se rebelando
Pelo menos até o presente momento

INTELIGÊNCIA ARTIFICIAL

1

Cresce a comunicação
A polarização
Em detalhes, a falsa informação

Muda o material, a tecnologia
Se desenvolve com secreta astúcia
Ou ideologia

A inteligência agora é artificial
A ameaça internacional
A invasão global

E a arma continua sendo arma
Destrói também a confiança
Com sutileza, em grande escala

INTELIGÊNCIA ARTIFICIAL

2

Evolui a conexão
A inovação
Em detalhes, a preciosa informação

Muda o material, a tecnologia
Se concretiza com genial competência
A então utopia

A inteligência artificial
Une poder mental
A crescimento universal

E a ciência continua sua escalada
Descobrindo, ensinando, levando às alturas
Com maior segurança, em grande escala

REDES SOCIAIS

Redes sociais em modo beleza
Sorrisos rasgados, paisagens idílicas
Amores perfeitos, amizades eternas
Constante a fuga a todo vapor

Belas e belos transbordam vitalidade
Exigem seguidores reverentes
Cartão fidelidade
Curtidas efervescentes

Deveria me enquadrar nessa beleza
Vestir logo essa camisa
Assumir o figurino
Acreditar na ilusão

Não ver beleza onde não há
No gordo, no magro, no diferente
No que foge à moda vigente
Neste que não se encaixa no molde

FRENESI

De regra em regra
Padrão, obrigação
Faça, obedeça, atenda
À norma imposta

De moeda em moeda
A conta paga
A burocracia cumprida
O necessário em garantia

De tarefa em tarefa
Sem tempo para respirar
Sem instante para parar
Ou se permitir pensar

É assim que, de feito em feito
Escapa o momento
Passa o dia
Encerra-se a vida

ANDAR NO AUTOMÁTICO

Andar no automático
Termo urbano
Obviamente acelerado

De manhã levantou
De dia trabalhou
De noite dormiu

No outro dia recomeçou
Mesmo roteiro seguiu
E no automático outra vez andou

Que pena, não se atentou

Apenas mais uma vírgula
Empatia, paz, harmonia
Alegria no coração levaria

Ao perceber, apreciar o conforto
Do carinho da família, do filho
Do sorriso do colega, do amigo

Satisfação, convívio
Afeição, calor humano
União, sentimento

Numa vírgula, o abraço da vida ganharia

O CÉREBRO

Emaranhado novelo
Ninho de nós
Vive a desatar
Ou entrelaçar

Analisa
Pesquisa
Estuda
Raciocina

Por sede ou necessidade
Por desafio
Por interesse
Por amor à ciência ou à vida

Pelo bem, pelo mal, move mundos
Avança
Elucida
Produz com afinco

O cérebro
Motor, memória
Razão, emoção
Perfeita construção

DESCONEXÃO

As palavras não ditas pairam
Inúmeras partículas no ar
Intenso tráfego de pensamentos
Nem sempre nobre
Ou benigno

As palavras não ditas abalam
Mágoa acumulada
Alimentado ressentimento
Nuvem de desencanto
Amargo paladar

As palavras não ditas se multiplicam
Monstros que crescem
Povoam mentes e então poluem
Ofuscam, cegam
Incendiam

As palavras não ditas afastam
Canais congelados
Pontes destruídas
Homens isolados
Triste estrago

MEU JORNAL

Hoje mais do que nunca
Masoquismo ler o jornal
Dia sim e dia sim também
Termino com as mãos sujas
Rastros de poeira preta penetrando pelos poros
Tendenciosas informações
A invadir corpo e mente
Destruindo a inocência
Incitando a raiva
Dando ideias nem sempre puras
Informando ao ensinar não sei o quê
Nem por quê

Por ironia
Hoje mais do que nunca
Primordial ler o jornal
Qualquer que seja seu canal
O poder opinar
Discutir, comentar
A total liberdade
O ser humano a relatar
Com verdade
Também responsabilidade

Hoje mais do que nunca
Essencial o respeito
Ao escrever o jornal

OS LIVROS, EM SEU MUNDO

O mundo dos livros é intenso e mágico
A exemplo do ser humano, eles gritam
expressando sua angústia, sabedoria ou alegria
Nos ensinam, nos orientam
São solo fértil para a imaginação e criatividade

Aninhados carinhosamente
em prateleiras apertadas
trocam ideias e abraços
criando laços de amor e discussões acaloradas

O mundo dos livros é história
O mundo dos livros é escola
O mundo dos livros é nosso templo
Inesgotável fonte de saber e conhecimento

Me pergunto como será este mundo
no futuro inteiramente virtual
Quando não haverá mais papel a manusear
nem cheiro de tinta a aspirar

DOAÇÃO

Ela oferece o alimento
Com a mão estendida
O coração aberto
Um sorriso
Muito respeito
Uma intensa troca de calor
Ela dá
Ele recebe
Ela, por um misterioso milagre
está na posição de dar
Grata, comparece
Alimenta a própria humildade
enquanto, com discrição, estende um prato
Que ele, com dignidade, aceita

À MESA

Em volta da mesa a família reunida
Trançando união e histórias
Conversando alto
Trocando risadas e experiências

No ar, ruidosa nuvem a envolver
Melodia a mesclar gerações
Comentários, conselhos
Ensinamentos que passam de mão em mão
Tal qual as lindas travessas de iguarias
Trançando sabor e saber
Delícias repletas de amor
A transmitir seu legado
Sua prece
Sua esperança
Sua milenar sabedoria

Em volta da mesa a família reunida
Mesclando união e histórias
Amoroso abraço a acolher
Para na memória manter

FAMÍLIA

Pronta a acudir
Apoiar
Prestativa sem por demais analisar
O coração falando alto
O impulso agindo rápido
Despida de conceitos
Ou preconceitos
A mão estendida
O empenho intenso
O gesto imediato
Generosidade
Discrição
Convivência
Sentimento de união
Preservação
Um pelo outro
Formando um

O AMOR SE CONSTRÓI

Básica a tal da química
Atração, paixão
Sentimento único, início de união
E, assim, o amor começa a se construir
A cada pequeno passo
A cada carinho ou gesto
O amor se constrói como o lar
Seu principal enfeite o aconchego
A cumplicidade, a tal da felicidade

A cada discussão, que de repente parece tão vã
A cada dor compartilhada
Ou sucesso comemorado
O primeiro filho e depois o outro
Seu primeiro sorriso
Alegrias, emoções
Memoráveis acontecimentos
Pequenos tesouros
Pedrinhas preciosas construindo o amor

Cultivar tão delicada relação
Suas lembranças e sensações
Sem inútil machismo
Nem excessivo feminismo
Evitando ofender, ferir sentimentos
Nas horas difíceis, controlar as palavras

O silêncio é de ouro, a paciência também
Se colocar na pele do outro, tentar entender seus motivos
Lembrar que ele é o parceiro, jamais o adversário

Fundamental o diálogo
Comunicação é entendimento
Momentos a dois são valiosos
Pequenas fugas que alimentam a chama
A tal da paixão
Lapidar a harmonia exige esforço
Respeito, muito carinho
Sensibilidade, bom senso
E assim se constrói um grande amor

SIMPLES ASSIM

Nunca diga não para seu filho.
Explique o não.
Antes de considerá-lo ingrato, lembre-se
de que ele está aqui porque você quis tê-lo,
criá-lo e educá-lo.
Criança gosta de segurança.
Organize com amor seu dia a dia, horários e refeições.
Elogie.
Prestigie.
Compareça.
Tenha orgulho dele e faça-o saber disso.
Quando as notas não vêm boas da escola,
tenha certeza de que ele irá melhor na próxima prova.
Ou então brilhará de outra forma ou em outros assuntos.
Transmita isso para ele.
Respeite seus desejos e aptidões.
Ajude-o a desenvolver as que você considera adequadas.
Abra a mente e lembre-se:
Ele é ele.
Você é você.
Aceite isso tranquilamente.
E ele te surpreenderá.

Filhos são sensíveis e delicados.
Trate-os com sensibilidade e delicadeza.
É claro que isso não significa abrir mão de sua
autoridade e papel de pai ou mãe.
Uma orientação e liderança sutil transmitem apenas
[segurança.
Não grite com eles.
Isso apenas os ensinará a gritar.
Quanto mais baixo você falar,
mais se fará ouvir.
Um gesto de carinho,
um abraço,
um beijo na hora de dormir,
palavras de encorajamento
fazem milagres.
É simples assim.
Não deixe seu filho esquecer jamais que ele é,
apesar de ocasionais derrotas, capaz e competente.
Assim ele se esforçará para provar que você tem razão.
Converse bastante.
Aprenda com ele.

Criar filhos é um privilégio,
uma benção e uma honra.

MÃES

Tem mãe que ama gritando
Aquela que de bronca em bronca ensina
Tem mãe que ama abraçando
Aquela que de beijo em beijo ensina
Tem mãe ausente, mãe constante
Mãe que é pai ou o contrário
Avó que é mãe
Irmã, vizinha, tia ou amiga
Mãe postiça
Existem mães de todo tipo
Infinitos modos e estilos
Milhares de mães pelo planeta
Cacofonia de línguas diferentes
Maior loucura, absurdo milagre
Olhar de mãe é tudo igual
Amor de mãe é tudo igual

FILHOS

O que são filhos senão joias?
Profundamente desejados
Amorosamente lapidados
Preciosamente preservados

Seus sorrisos iluminam o caminho
nos levando e elevando
Gratidão
Satisfação
Plenitude
Esta é a sensação

AS PALAVRAS

Palavras, ao saírem da boca
Me lembram pássaro a voar
Por vezes belas borboletas
Libélulas a passear
Doce e carinhoso afago

Palavras, ao saírem da boca
Outras vezes simplesmente
Tiros de canhão a ensurdecer
Flechas feitas para derrubar
O inocente que nelas acreditar

GRATIDÃO

Sublime o momento
Quando tão rápido chega a hora de colher o fruto
Quando o orgulho enche o peito
A emoção sufoca a garganta
O amor preenche a alma
Quando a gente olha para cima e se inclina
Quando a gente olha para eles
Eleva nossa prece
E, sem palavras, agradece

O FIO DE OURO

O que dizer quando o filho
Abraça seu próprio filho
Espelho o filho
Espelho o neto

O que dizer quando o legado
Com amor transmitido
Irradia no aprendizado
De gerações se seguindo

O que dizer do orgulho
Do pai por seu filho
Pleno sentimento
Do dever cumprido

O que dizer, então
Da mãe, seu coração
Ao olhar o pai, o filho, o neto
No mesmo abraço fundido

Na expressão, simples oração
Não cabe tão plena emoção

O TESOURO

Belo o abraço
Eterno reconforto
Corações fundidos
Almas em uníssono

Belo o carinho
A paz do desabafo
Apoio, refúgio
Âncora, porto seguro

Belo o companheiro
Pelo amor unido
Pelo filho compartilhado
Pelo momento vivido

Belo o diálogo
Cúmplices, parceiros
Memórias, sonhos
Jornada, privilégio

Tão belo o casal
Tão precioso o tesouro

ABRAÇO DE MÃE

Eis uma questão
Sobre curiosa expressão
Essa de ser ou não ser mãe em tempo integral

Será possível o ser em tempo parcial
Será veste de tecido flexível
Segunda pele removível
A eterna preocupação de uma mãe
O sentimento como casaco
A retirar ao entrar no escritório
O vínculo plug desconectável
O amor em carga horária mensurável

Pois é encanto da mãe em tempo integral
Em mágico abraço e tempo real
Acolher filho, profissão, vida e lar

CONSTANTE ENTREGA

Em excesso bondade
Energia
Vitalidade
Resistência
Constante entrega

Em excesso doar
Causas a abraçar
Soluções a encontrar
Agasalhar
Constante amar

Em excesso carregar
De fé inundar
De calor transbordar
A todos aliviar
Constante acalentar

Em excesso nosso respeito
Imenso apreço
Profundo orgulho
Enorme afeto
Pelo constante exemplo

O ADOLESCENTE

Um menino
Já crescido
Vivo, alerta, ávido
Interessante, interessado
Abrindo os olhos
Vendo, conhecendo
A conviver aprendendo
Prestativo, atento
Esponja absorvendo

Aos borbotões sentimentos
O desabrochar
Saber lidar
As escolhas enfrentar
Se ajustar
Entre o correto e o nem tanto se esgueirar
Malabarismo
Sofrida estrada até o equilíbrio encontrar
Homem se tornar

Descobrindo
A vida, muitos caminhos

NASCE UM SONHO

Ao pequeno ser quase pronto para nascer
Ainda no ventre da mãe aconchegado
Como que hesitando
Como que receoso de dar o passo
Vir ao nosso encontro
A este curioso mundo
Nem sempre afinado universo

Pois o mundo está a
Ansiosamente aguardá-lo
Amorosamente recebê-lo
Calorosamente abraçá-lo
E desde já lhe deseja
Apenas doçura e alegria
Porto seguro em areia movediça

Venha sem medo
Intensa energia o espera
Rica, saborosa experiência
Venha sem medo
A felicidade encontrará
Lugar ao sol terá
A vida bela lhe será

IDADE

Passou-se o tempo
De peneirar o que falo
Encobrir o que acho
Concordar com o todo
Aceitar o comum consenso

Após longa estrada
Penosa procura
Confirmo a descoberta
Afirmo com clareza
A notória conquista

Idade
Maturidade
Rimam com maioridade
Imunidade
Genuína liberdade

GERAÇÕES E ELOS

Fugaz o sonho de cor intensa
Em segundos escapa, relâmpago de luz, fugidia faísca
Entre dedos escoa, água que corre, vapor que seca
Timbra em traço desenhado, em suave pluma ou pena afiada
A ruga na face, a cicatriz na alma, o peso na bengala, a
[memória cansada
Sinais da história que para trás fica, deixando seu trilho
[na estrada
Precioso o brilho da nuvem que paira, clareia o caminho,
[acompanha
Bússola, sentido, estrela-guia, para a vida que aqui continua

alívio
a poesia

A vida é feita de rimas
Nem sempre doces seus rastros
Doloridos, desolados como a angústia no olhar

PÁGINAS EM BRANCO

Páginas em branco que perseguem
Intermináveis horas de solidão
Dias vazios e a desfilar
Esperar o tempo logo passar
Para ver se algum amanhecer de luz
Pode trazer consigo alguma cor
Que não seja tão pesada, triste e cinzenta

À PROCURA

À procura do sentido
Alguma faísca, qualquer brilho
Entre cinzas ver o belo
Motivação, estímulo
Aceitação, ânimo
Palavras desse gênero
Que acodem, acalentam
Sacodem, suavizam
Etérea nuvem de alegria
Abençoada terapia
Precioso fio de esperança
Sopro de vida

FERIDAS

A dor que vem de dentro envolve, abraça
Angústia que com força agarra
A dor que vem de dentro aperta, sufoca
Angústia que em silêncio grita

Escondido sofrimento
Este que destrói alento
Sentimento que corrói
Angústia que tanto dói

Como explicar a ferida que vem de dentro
Como traduzir este lamento
Se a dor que vem de dentro
É oculto, mudo tormento

VIL INSTINTO

Sangrando pela vida
A criança abusada
Caminha calada
Recolhendo sua angústia
Escondendo sua ferida
Crescendo curvada
Alma atormentada
Para sempre perdida

Sua dor é minha raiva
Minha intensa vergonha
Pelo teatro à minha volta
Pela barbaria que me cerca
Oculta maldade, pelo verniz da civilidade encoberta

DOR

Quando na alma a dor impotente
põe-se a ferver e borbulhar
o corpo trava, mãos e pés amarrados
O coração sangrando, despedaçado
Lágrimas
Pontinhos de cristal a brilhar
cor de rubi a ofuscar.

O GUERREIRO

Sua dor é minha dor
Sua batalha é minha batalha
Sua gentileza, sua bondade
São um imenso, caloroso abraço
Que me envolve, me ensina
O verdadeiro sentido, a essência
Do que realmente importa
Somente sua força
Sua garra, seu heroísmo
São metas que
Jamais conseguirei alcançar

QUANDO ELE CHORA

Quando ele chora
O mundo à minha volta desmorona
Choro sentido, doído
Do batalhador que pensa ter perdido sua batalha
Soluçando como que derrotado
O corpo esgotado devagar se reergue
Para de novo enfrentar um dia de cada vez

NÃO

Eu não sei
Eu não quero saber
Eu não me importo
Eu não quero me importar

Eu não vejo
Eu não sinto
Eu não aceito
Eu não estou

Eu nego e renego
Eu recuso e rejeito
Eu me rejeito, me renego
Eu não me quero

FRATERNO AMOR

Escrevo o amor
Escrevo a dor
Descrevo um homem e seu clamor
Escrevo a dor de um fraterno amor

Amor-afeto que admira
Laço de sangue que abraça
Pilar que sustenta
União, família, esperança

Dor que invade e rodeia
Sufoca, enlaça
Se instala
Mágoa, tristeza, desesperança

A dor do outro é minha dor
O amor pelo outro carrega dor
Tua dor é minha dor
Também o é meu fraterno amor

Escrevo meu irmão e sua dor
Escrevo garra e amor
Descrevo um herói encantador
Apesar de toda sua dor

TÓXICA LEMBRANÇA

A vida é sua, eu entendo
Quer acabar com esse tormento
Veneno interno corroendo
Tóxica lembrança, buraco negro
Constante batalha com seu monstro
Ele invadiu, violou
Despedaçou
Em viva ferida te abandonou

Sua inocência virou pó
Em ruínas ficou o seu templo
Mas vamos juntos reconstruí-lo
Suavemente remoldá-lo
Será de paz o seu tijolo
De luz, de sol o seu interno
Amplas janelas para o mundo
Apenas risadas no seu eco

Ergue, então, o seu rosto
Seque o olho, enfrenta o bicho
Você já perdeu o medo
Coragem, confiança são seu foco
Fica aqui, eu lhe rogo
Sinta o calor do abraço
Doce o beijo do seu filho
Doce a esperança do amanhã

TRISTEZA

A infinita tristeza
Que subitamente me envolve
Fluindo suavemente ao meu redor
Me abraça
Me aconchega
Me penetra

O coração pesa
O olho molha
A chama se apaga

Delicado tormento
Desalento
Desesperança

Visita inesperada
Indesejada a se instalar
Insidiosa e cinzenta nuvem
A invadir e alimentar
Âmago
Mente e corpo

Quando questiono
De onde
E a quê veio

Eis que emerge o tormento
De tentar explicar
O inexplicável

CINZA

E o dia amanheceu cinzento. Cinza não é bem cor de céu. Cinza é cor que vem de dentro. Sinal do frio vazio que envolve os ossos, trava os membros e preenche a alma. Vêm à mente palavras de peso, importantes termos de muita carga. Angústia, ansiedade, desânimo, depressão. Infinita a soma de sinônimos para a cinzenta tristeza que invade corpo, mente e tudo ao redor. Suprema ironia, o esforço desse leque de expressões descrevendo o indescritível, falhando ao tentar colocar em palavras o tormento que em cinza tinge, atinge, dilata e se espalha. Sufocante abraço que atrai e embala em fosca e escura nuvem.
A quem perguntar o porquê, me falta motivação para responder.

DESAMPARO

Uma criança apenas
Pequenina e desamparada
Menininha somente
Entregue
Nas mãos do mal

Mergulha fundo
Na escuridão da dor
Da raiva impotente
Da vergonha inconsciente
Que a envolve e agarra

Furiosamente se debate
De águas negras submerge
Lambe feridas, se reergue
Garra maior eu nunca vi
Revolta tamanha nunca senti

TRISTE TRISTEZA

Triste tristeza que passo a passo me acompanha
Segunda pele que como manto envolve
Confunde a mente, penetra, acalenta
O coração, desalento que nela afunda
Em mar de morna lágrima se banha
Como descrever este latente sentimento
Presente e constante por trás do sorriso
Interna, real identidade
Em máscara de alegria encoberta
Como se desfazer de tão persistente sombra
Como abrandar a densidade de uma lágrima?

DESABAFO

O corpo treme. O sangue ferve. O vermelho explode.
Perdi, num piscar de olho, toda uma camada de verniz
cuidadosamente aplicada e lustrada. Constante suor
domando a fera, este monstrinho que rosna e ameaça,
incessante zumbido que incita e provoca, minúsculo
verme de gigante tamanho. Minha raiva borbulha e,
como balão, infla e estoura. Perdi as estribeiras. Abri
a boca. Fiz poeira. No meu espaço armei meu barraco.
Tranquei a porta. Esmurrei a mesa, machuquei a mão.
Berrei, gritei, perdi a voz. Extravasei fúria, ira, cólera.
Esvaziei a zanga. Lavei a alma. Desconstruí a revolta.
Preparei a resposta. Abri a porta. Armei o sorriso.
Enfrentei o contra.

PEDE-SE A CURA

O lamento escala a montanha
A alma clama
Rasga o silêncio
Carrega o vento

Vibra a pedra
Voa a súplica
Treme o tronco
Chora o pássaro

Íngreme a subida
Ingrata a tortura
Firme a batalha
Ferrenha a esperança

Não importa o caminho
Milagre, sonho
Luta, devaneio
Ou divino fenômeno

Almeja-se
Aprende-se
Alcança-se
Aceita-se

SERIEDADES

Não leve a sério
O não tão sério
Quando o sufoco parece sério
O assunto grave, o aperto sério
Use um sorriso
Acalme o nervo
Afaste o cinza e o vermelho

Entre problema sério
E situação grave
Relativo o sério
Discutível o grave

Quando a pressão manda
A tensão escala
O estresse domina
A clareza evapora
Pare
Pense
Pese

Duro treino, acurado trabalho
Manter a calma e o sorriso
Separar o sério do não tão sério
Quando tudo parece sério

IMPACIÊNCIA

Grande parceira a paciência
De grão em grão armazenada
Eleva o tom da percepção
Modula o som da compreensão

Um dia vem após o outro
Depois vem outro e mais outro
Assim diz a paciência que cresce
Clareia, ensina, amadurece

Dita a voz da experiência
Paciência é alegoria
Exemplo de sabedoria
Alto grau de harmonia

Pois paciência, por vezes, é utopia
Triste de mim, prova viva
Coleciono mais derrota que vitória
Minha paciência mais perdida que encontrada

A PIMENTA DA VIDA

Desafio é respiro
Água, alimento
Ânsia
Essência
Eterna esperança

Desafio é pulso
Valente ânimo
Adrenalina
Energia
Contínua escalada

Desafio é tempero
Apurado condimento
Sal, pimenta
Ousadia
Especiaria da vida

O desafio varia
A cada instante se atualiza
Impulsiona, inspira
Reaviva
Novos sabores apura

ESCAPISMO

A ilusão como devaneio
Sonho
Abraço
Alívio

A ilusão como refúgio
Canto secreto
Porto seguro
Esconderijo

A ilusão como bálsamo
Evasão ou distração
Arte ou visão
Liberação

A ilusão como fuga
Fantasia
Magia
A vida então conto de fada

EFÊMERO, TUDO É EFÊMERO

Efêmera a risada
A sensação de alegria
Efêmera também a lágrima
Frágil gota logo evaporada

Efêmera a infância
A juventude, a procura
Efêmera a jornada
A próxima etapa

Efêmera a satisfação
A plena saciação
Efêmera a união
A provisória negociação

Efêmero o momento
Mero minuto, num instante voou
Efêmero o raio de vida, tão apressado
Fugaz presente que num segundo passou

O SILÊNCIO

O silêncio, grito que ecoa no ar
Densa palavra
Potente resposta
Manto protetor
Interna rebelião
Paz interior
O silêncio, universal língua de extenso vocabulário

LÁGRIMAS E RUGAS

Brilha a gota ao sol que a colhe
Alívio o orvalho que vem de dentro
Tão leve, tão denso, intenso sentimento
Respingo de felicidade, respingo de dor
Gama de emoções, todas elas
Falando línguas, todas elas
Traçando seu caminho como rio que passa
Deixando na face suave vinco
História
Rastros da vida que passa

PLUMAS

A pluma, sua tinta
A palavra se torna escrita
O sussurro, uma nota

A pluma, seu traço
Delinear, compor, formular
Em letras, registrar

A pluma, seu poder
Informar, educar, transmitir
De geração em geração, evoluir

A pluma, sua sutileza
Sua sombra se torna guia
Sua mensagem, uma herança

A ESCRITA DO SONHADOR

A escrita do sonhador é envolvente adrenalina, alada escalada, conquistada leveza.
A escrita do sonhador é vaporosa nuvem, macio abrigo, aveludado abraço.
A escrita do sonhador é fluida, livre felicidade. Generosa, irradiada, compartilhada.
A escrita do sonhador é viva, colorida vida. Poderosa, corajosa, convicta.
Jamais iludida, jamais ilusória.
A escrita do sonhador é delírio assumido.
A escrita do sonhador é indomável esperança.

ESCULTURAS

Tantos formatos, tantas faces
Massas de modelar, tantos moldes
Tantas texturas, tantas cores

Fatos e laços moldam expressões
Expressões que moldam emoções
Emoções que moldam corações

Do grito que molda lágrima
Lágrima que molda ferida
Ferida que molda agonia

Do sorriso que molda alegria
Alegria que molda esperança
Esperança que molda o amanhã

Do afago que molda afeto
Afeto que molda sonho
Sonho de amor e aconchego

Tantos traços, tantas figuras
Massas de modelar, tantas marcas
Tanto sentimento, tantas esculturas

ARTISTAS

O tecelão, seus dedos
De fio em fio trança
Une, modela, tece a vida

O pintor, seu pincel
De traço em traço esboça
Ilustra, colore, pinta a vida

A bordadeira, sua magia
De ponto em ponto delineia
Entrelaça, adorna, borda a vida

O escritor, sua pena
De letra em letra ensaia
Disserta, redige, descreve a vida

Todo homem um artista
De sonho em sonho voa
Cria, constrói, espalha a vida

Qualquer que seja seu ofício
Cada ser o seu saber
De grão em grão alimenta
Realiza, contribui, cultiva a vida

AS PALAVRAS EM MOVIMENTO

"Definição"
Temporária explicação
Digna de constante atualização

"Tempo"
Como suspender o precioso segundo
Se num instante se foi, sumiu, escapou?

"Leitura"
Infinitas histórias numa só página
O mundo se abrindo em ampla janela

"Música"
Caminho para a alma
Bálsamo, alimento, calor e amor em harmonia

"Faísca"
Raio de luz que ilumina
Em areia movediça orienta e guia

"Eu"
Artigo indefinido
Quem hoje é quem era ontem?

"Conclusão"
Não existe conclusão
Apenas continuação...

AGRADEÇO

Ao Henry Hallak, meu marido e companheiro, com quem vivo a realizar sonhos. Devo-lhe todo o sentido de ser e de viver.

À minha mãe, Sheila Kattan, pelo constante e incondicional apoio.

Aos meus filhos, genros e noras, pela inestimável e preciosa assessoria. Imenso orgulho de estar rodeada por tão eficiente equipe. Amo vocês.

Aos meus irmãos, pela nossa união, sempre.

À minha amiga apaixonada por literatura, revisora, professora, filósofa, Routi Holcman, a quem devo a libertadora ousadia de estar aqui. *Merci*.

A você, Joelle Alfassi, brilhante designer, calígrafa, e de repente até capista, pela competência e constante dedicação. Com gratidão e muito orgulho, posso afirmar que criamos esta obra a quatro mãos.

ÍNDICE

Abraço de mãe	128
Acionando o foco	104
A escrita do sonhador	160
A fórmula	67
A fraqueza humana	61
Ajustes	37
Alegre melodia	40
À mesa	116
A música do silêncio	68
Andar no automático	110
Anti	91
A pandemia, em números	51
A pimenta da vida	154
A poesia	10
À procura	137
À procura da beleza	12
Artistas	162
As palavras	124
As palavras em movimento	163
A terapia do riso	39
A valsa da vida	21
Carga emocional	59
Casulos	28
Cinza	147

Confiar	26
Constante entrega	129
Desabafo	150
Desafio permanente	96
Desamparo	148
Desconexão	112
Desejos	69
Divagando	54
Doação	115
Dor	140
Drogas	64
Efêmero, tudo é efêmero	156
Ele e ela	60
Em paz, na real	90
Em quarentena	49
Escapismo	155
Esculturas	161
Família	117
Fé	27
Feridas	138
Filhos	123
Fraterno amor	144
Frenesi	109
Generosidades	44
Gerações e elos	133
Gotas de magia	20

Gratidão 125
Idade 132
Impaciência 153
Inteligência artificial 1 106
Inteligência artificial 2 107
Israel 98
Lágrimas e rugas 158
Mães 122
Ma souffrance, 1976 80
Meu jornal 113
Meu porquê 94
Minha avó 75
Mísseis 95
Moedas 32
Múltiplo instante 36
Não 143
Nasce um sonho 131
Nós 48
Nós, humanos 33
Nossa história 92
O adjetivo 102
O adolescente 130
O aluno 55
O amor se constrói 118
O caminho 82
O canto 14

O cérebro	111
O convívio	63
O desafio	15
O despertar	42
O fio de ouro	126
O guerreiro	141
O mar de rosas	22
Ondas	74
O real, em excesso	34
O silêncio	157
Os livros, em seu mundo	114
O sorriso e seu poder	11
O tesouro	127
Otimista por natureza	16
Páginas em branco	136
Palavras	13
Pânico	50
Pede-se a cura	151
Pincelando em azul e branco	97
Pincelando palavras	24
Plumas	159
Poesia urbana	29
Pontes	25
Porquês	57
Pós-pandemia	56
Potente banquete o paladar	17

Progresso … 105
Próximo capítulo … 53
Quando ele chora … 142
Quando o cabelo se torna branco … 77
Questão de cor … 83
Questões … 72
Questões e confusões … 62
Redes … 103
Redes sociais … 108
Risadas … 41
Rugas … 76
Sabores … 18
São Paulo … 30
Sentimentos … 38
Sequência … 66
Seriedades … 152
Seu nome é resiliência … 73
Simon, 1976 … 84
Simples assim … 120
Sobre milagres … 35
Sobre olhares e máscaras … 58
Sofrimento, 1976 … 81
Sua borra conta histórias … 19
Tóxica lembrança … 145
Triste dependência … 78
Triste tristeza … 149

Tristeza 146
Um mais um 43
União virtual 52
Velhice 79
Ver 65
Vida verde 23
Vil instinto 139

Esta obra foi composta em Mrs Eaves 12 pt e impressa
em papel offset 90 g/m² pela gráfica Meta.